JN410554

Rim-Poe

시인 임보

눈부신 귀향

임보 시집

눈부신 귀향

Poetics 시학

■ 시인의 말

흔히 시는 관념을 지양해야 한다고들 한다.
그래서 관념의 사물화를 내세우기도 한다.
하지만 모든 경우 그렇게 할 수 있는 것도 아니고,
또한 그래서 좋은 것만도 아니다.

나는 시를 '영롱한 언어의 사리舍利' 라고 정의한 바 있는데,
영롱히 빛나는 것은 사물만이 아니다.
관념도 농축되면 백자처럼 빛난다.
언어 자체가 관념의 그릇이므로 이를 배제하려 하기보다는
맑게 수용하는 일이 시의 몫일 것도 같다.

당신의 가슴속에 아름다운 풍경 대신 맑은 생각의 씨를 심고 싶다.
그 씨가 한 그루 수목으로 자라 그늘을 드리우게 되면
그대의 영혼이 안식을 누릴 수 있으리라.
이 작은 시편들이 부디
당신의 외로운 나그네 길에 좋은 길동무가 될 수 있기를…….

2011년 봄 운수재에서
임 보

차 례

■ 시인의 말

제1부 길 없는 길

손의 행적 15
길 없는 길 16
눈부신 귀향 18
손의 언어 20
거대한 족보 22
움켜쥔다 23
삶에 관한 물음 24
크레도스를 몰면서 26
세상에 온 까닭 28
당신은 누구신가 30
생애 32
해탈=치매 34
천하 명당 36
우리들은 다 완벽하다 38
이별의 노래 39
울타리 40
가두리 42
대우법對偶法 43

도량道場 44
천국의 문門 46

제2부 새들을 날개 위에 올려라

물의 칼 49
물의 소요逍遙 50
혀 52
눈물에 관해서 54
호수 56
개구리 울음소리 57
동면冬眠 58
단화丹花 59
솔개 60
홍어紅魚에 관한 한 보고 62
마마한 담안지 64
맛있는 것들은 다 단단하다 66
가시연꽃 67
새들을 날개 위에 올려라 68

딱따구리의 부리 70
사슴의 뿔 71
아나크론 72
간월암看月菴 73
신발에 관한 동화 74
만해화萬海華 76

제3부 쓸쓸한 비결

사랑에 관한 충고 81
늦은 답장 82
신발 84
순금의 시간 86
나는 토끼다 88
궁합宮合 90
적요의 밤 91
사람을 찾음 92
효자손 93
비밀은 아름답다 94

망각에 대한 위로 96
나무를 보며 98
지음知音 99
나도 노조를 하나 만들까 보다 100
바람의 스승 102
도둑처럼 105
아직도 106
짐이다 108
도원홍의도桃源紅衣圖 110
쓸쓸한 비결秘訣 112

제4부 세상을 밀고가는 그늘

벌들의 길처럼 115
물의 세상 116
너무 헷갈린다 118
나는 무수히 찍혔다 120
포커페이스 122
도장에 관한 명상 124

간밤에 126
위로 127
『갓스워드』 128
병력病歷 131
거대한 소망 132
거울 없는 나라 133
공중화장실에서 문득 깨달음 134
당신의 가치 135
짓밟고 올라서라 136
젖은 신문을 말린다 138
세상을 밀고 가는 그늘 141
명분이 없다고? 142
뚜쟁이 짓을 하지 마라 144
세상에 대한 보복 147

제1부

길 없는 길

손의 행적

어떤 손은 계산기를 두들기고
어떤 손은 목탁을 두들긴다

칼과 창을 벼리는 손도 있고
삽과 호미를 빚는 손도 있다

한때는 화투를 쥐던 손이
한때는 붓을 잡기도 한다

올무를 놓는 손도 있고
오라를 푸는 손도 있다

진주를 찾으려 시궁창을 헤집기도 하고
목숨을 걸고 폭탄의 뇌관을 열기도 한다

밤에는 은밀한 샅을 더듬던 손이
낮에는 거룩한 경전을 펼치기도 한다

길 없는 길

강물 위에 앉았다가
일제히 하늘을 향해 날아오르는
수천 마리 철새 떼들의 일사불란
그들은 길 없는 허공 길을 평화롭게 날아
그들의 고향에 이른다

바다 속을 헤엄쳐 가는
수만 마리의 물고기 떼들
어떠한 암초와 수초에도 걸리지 않고
수만 리 길 없는 물길을 거슬러
그들의 모천에 닿는다

그러나
이 지상에 수천만의 길을 만들어 놓고도
제 길을 제대로 찾아가지 못해
좌충우돌 피를 흘리며 주저앉는 사람들
그들은 고향도 모천도 못 찾고 허둥댄다

길이 없으면
세상이 다 길인데
사람들은 길을 만들어
천만의 길을 다 죽인다

눈부신 귀향

봄이 되면 꽃들은 용케도 제 집들을 찾아 피어난다

보라,
노란 개나리꽃은 어둠의 흙 속에서 헤매고 다니다 봄이 되면
가는 개나리 뿌리에 스며들어 언 개나리 줄기를 녹이며 타고 올라
작은 꽃눈의 창문을 찾아 열고 활짝 밖을 내다보지 않던가?

분홍의 진달래꽃은 진달래 제 번지를
노란 민들레꽃은 민들레 제 번지를
해마다 찾는 제 집들을 놓친 적이 없다

백목련은 백목련 가지에
자목련은 자목련 가지에
더러 바뀔 만도 한데 엇갈린 적이 없다

술 취한 사람들은 한밤중에 가끔 제 집 찾기가 헷갈려
남의 집 초인종을 누르다 낭패를 당하기도 하는데
꽃들은 그런 일이 전혀 없다

연어가 먼 대양을 떠돌며 살아가다
씨를 뿌릴 때가 되면 수만 리를 거슬러 그의 모천을 찾아가
거센 물살을 헤쳐 오르며 맑은 자갈밭을 열고 알을 낳듯이

수만 가지 나무의 영혼들도
지하의 어둠 속을 떠돌며 헤매고 다니다가도 때가 되면
제 고향 나무들을 찾아 그처럼 눈부신 회향을 한다

사람들아, 저 가지마다에 얼굴 내밀고 있는 화사한 귀향들을
벌 나비들이 얼마나 찬양하는지 보지 않았는가
머지않아 주렁주렁 그들의 고운 씨가 매달릴 것이다

손의 언어

주먹을 불끈 쥐면 분노
두 손을 비비면 애원

움켜잡으면 욕망
가만히 내밀면 구걸

쓰다듬으면 애무가 되지만
어깨 위로 들어 흔들면 작별

하나의 검지로 사람들은
지시, 선택, 야유, 고발을 한다

엄지를 세워
공중으로 쳐들면 으뜸
지상으로 내리꽂으면 죽임

엄지와 검지만을 둥글게 맞대면 돈
검지와 중지 사이에 엄지를 끼우면 음부

새끼손가락은 은밀한 여인
엄지는 우두머리

때로는 칼이 되기도 하고
때로는 총이 되기도 한다

아니, 귀가 닫힌 이들은
두 개의 손으로 얼마나 많은 말들을 빚어내던가

거대한 족보

사람들아,
우리는 다 하느님의 아들
한 핏줄이다

원수는 그대 마음을 짓밟은 증오의 망령이며
적敵은 그대 마음을 사로잡은 탐욕의 그림자일 뿐
우리는 한 핏줄의 형제다

아니,
저 산 속의 뭇 짐승이며 수목들
저 들판의 잡초며 하찮은 곤충들도 다
우리의 동포다

사람들아,
세상을 떠받치는 가장 큰 기둥은
세상을 밀고 가는 가장 큰 힘은
그대의 따스한 손길

사랑이다

움켜쥔다

입들은 먹이를 움켜쥐고
수컷은 암컷을 움켜쥔다

몇 푼의 돈을 움켜쥐기 위해
사람들은 또 얼마나 혈안인가?
하기사
세상의 모든 것들은 다 움켜쥐고 있다

노른자와 흰자를 움켜쥐고 있는 둥근 달걀
검은 씨와 과즙을 움켜쥐고 있는 빨간 사과

길가에 놓인 한 덩이 돌도
얼마나 힘껏 움켜쥐고 있는가?
단단한 정釘으로도 우리는
그의 손을 펴기가 쉽지 않다

삶에 관한 물음

어떤 이는
세상을 등지고 깊은 산골에 들어가 산새들의 울음소리나 듣고
산나물이나 씹으며 조용히 살라고 한다

어떤 이는
호숫가 풍치 좋은 곳을 찾아 정자를 세우고
낚싯대나 드리우고 시나 읊조리며 한가하게 살라고 한다

어떤 이는
거친 세상에 나가 수많은 사람들과 부대끼며
세상의 달고 쓴 맛들을 다 맛보며 살라고 한다

어떤 스승은
능력이 소중하니 배우고 익혀 힘을 기르라고도 하고
어떤 친구는
재산이 소중하니 많은 돈을 모으며 살라고도 하고

어떤 선배는
사람이 중요하니 좋은 이웃들을 많이 만들라고도 한다

도대체
어떻게 살아야 하는 것인지 묻고 다니다
어느덧
한평생 다 보내고 말았다

크레도스를 몰면서

내 윤마輪馬는 97년형 1.8 DOHC 크레도스다
여기저기 자잘한 외상을 입기는 했어도
아직은 잘 달린다

매주 월요일 아침
서울 우이동에서 동부간선도로, 중부고속도로를 거쳐
청주의 내 직장까지 나를 데려다 준다

액셀러레이터를 밟은 내 발이 나를 싣고 간다

아니, 발이 아니라 크레도스의 바퀴가,

아니, 바퀴가 아니라 엔진이 나를 싣고 간다

아니, 기름이다, 중동산 가솔린,

아니 원유다, 수천 미터 지하에 수만 년 묻혀 있던 원유,

아니, 원시의 거대한 유기물 — 동 · 식물이다

아니, 태양이다, 우주다

수억만 년 응축된 우주의 힘이
지금 나의 애마愛馬 크레도스를 몰고 있다

세상에 온 까닭

그대여
삶의 의미를 모르겠거든 연어를 보라

아무도 일러 주는 이 없어도
태평양의 광막한 대양을 헤매다가
새끼를 가질 때가 되면
그가 처음 알에서 깨어났던
저 남대천 같은 모천母川으로 돌아와
죽음으로 몸을 헐며 씨를 심지 않던가

보라,
남성들도 장성하여
새끼를 가질 만하면
아무도 일러 주지 않아도
그가 태어났던 모천을 찾아
밤마다 헤매지 않던가?

식음을 전폐하고 열심히 알을 품는

저 닭장 속의 암탉을 보라
가지 휘도록 열매 매달고 있는
저 뜰 앞의 작은 대추나무를 보라

그대를 이 세상에 내보낸 이의 뜻은
열심히 씨를 만들라는 것
열심히 씨를 심으라는 것

이것이
그대를 이 세상에 보낸 이의
뜻이다

당신은 누구신가

한 무더기 흙을 쌓는 일도 내겐 이리 힘겹거늘
저 큰 산들을 저리 높인 당신은 누구신가?

한 동이 물을 나르기도 내겐 이리 버겁거늘
저 양양한 바닷물을 저리 모은 당신은 누구신가?

대지를 휩쓴 태풍이여
진노한 당신의 입김인가?

광막한 밤하늘의 성군이여
당신의 무량無量 안광眼光인가?

내 발이 가 머문 곳마다
내 눈이 가 닿는 곳마다

다 당신의 살이요
당신의 몸 아님이 없도다

내 밖에도 그렇게 가득하고
내 안에도 그렇게 넘친 당신은

이 아침 반짝이고 있도다
한 마리 잠자리의 날개 위에도

생애

하루살이의 일생은 하루다
아침에 태어나서 저녁에 떠난다

어떤 미생물의 목숨은
태어나자 바로 죽는
몇 분의 1초에 불과한 것도 있다
그러니 그 미생물의 눈으로 보면
하루살이의 생애는 길고도 참 길다

인간은 한 70년 지상에 머문다
섭생을 잘하면 100년쯤 버티기도 한다
그런데 어떤 수목은 몇천 년을 살기도 한다
그러니 그 나무에 비하면
인간의 목숨도 하루살이에 지나지 않는다

수백만 년 인류의 역사도 새 발의 피
수유에 지나지 않는다
지구의 생애를 1년—365일로 친다면

이 지상에 군림한 인류의 역사는
1분도 채 되지 않는다고
어느 지질학자는 독백한다

해탈=치매

한 십 년 잘 기르던 난초도 남에게 주고
몇십 년 손때 묻은 벼루도 팽개치고
가죽끈 다 닳은 경전도 내던지고
가사袈裟도 염주도 목탁도
가진 것 다 떨쳐 버리고
빈 몸으로 홀가분히
누워 있는 선사
맑은 평화
무상
공
.

한평생 정성 들인 논밭도 다 잊어버리고
한세상 부대낀 식구들도 다 몰라보고
기억의 창고에 가득 쌓인 추억들
희로애락의 그 여린 감정들도
다 벗어 내던져 버리고
참나무 장승처럼
앉아만 있는
치매의
평온
공
.

천하 명당

산골은 산골대로
갯벌은 갯벌대로
들녘은 들녘대로
장터는 장터대로

봄날의 패랭이꽃
여름의 한삼넝쿨
가을의 돌감나무
겨울의 가시탱자

달개비야, 달개비야
여울가의 달개비야
자네들이 사는 곳이
천하의 명당일세

농부의 쟁기도
어부의 그물도
대장간의 풀무도

들병지기 호리병도

자네들이
있는 곳이
천하의
명당일세

우리들은 다 완벽하다

독수리는 독수리의 눈으로 세상을 보고
부엉이는 부엉이의 눈으로 세상을 본다

보라매의 부리는 먹이를 쪼는 창이지만
딱따구리의 부리는 집을 짓는 연장이다

물에 사는 오리의 발은 물갈퀴요
뭍에 사는 닭의 발은 흙갈퀴다

창공에 날개 드리운 수리부엉이여
한 마리의 벌 나비를 비웃지 마라

그대가 어이 알리
꽃 속의 달콤한 이 꿀맛을

이별의 노래

녹기 전의 저 눈밭은
얼마나 눈부신가

지기 전의 저 꽃잎은
얼마나 어여쁜가

세상의 값진 것들은
사라지기 때문이리

사랑도
우리의 목숨도
그래서 황홀쿠나

울타리

울타리는
경계와 경계 사이에 설치된 장애물이다

초가집 울타리는 수수깡이 되기도 하고
과수원 울타리는 탱자나무인 수도 있다

돌이나 흙으로 쌓은 담도 있고
철사나 철망으로 막은 철조망도 있다

개나리, 쥐똥나무의 부드러운 나무울타리
블록이나 시멘트로 높이 차단한 단단한 벽

울타리는 도둑이나 적들을 막는 방어진인데
섬을 가둔 바다를 물의 울타리라 부른 이도 있다

인간이 만든 가장 긴 울타리는 만리장성
그러나 신이 만든 보이지 않는 울타리도 있다

보라, 지상과 천국 사이에 설치된
저 완벽한 허공!

가두리

남해 바다에 가서 가두리를 본다
어족들의 감옥, 아니 목장이다
가축의 우리나 축사처럼
바다 속에 그물로 설치된 어육장
닭에 모이를 주듯
소에 여물을 주듯
치어들에게 사료를 주어 성어로 길러 낸다
횟집의 도마 위에서 퍼덕거린
광어 우럭 넙치 볼락 들이
대개가 다 가두리 출신이다
교도소의 높은 담벼락을 볼 때처럼
사람들은 사각형의 가두리 앞에서 쓸쓸해하지만
갇혀 사는 것을 너무 안타까워할 것도 없다
생각하면
갇혀 살지 않은 것이 무엇이란 말인가?
가정과 직장과 국가도 가두리
사랑도 우리를 가두지 않던가?
우리가 달라붙어 사는 이 지구도
허공에 떠 있는 완벽한 가두리다

대우법對偶法
— 꿈, 천국의 예감

빛을 모르는 장님은 평생 암흑暗黑의 꿈만 꾼다
그에게는 색色의 세계가 없기 때문이다

소리를 모르는 먹보는 평생 암묵暗默의 꿈만 꾼다
그에게는 음音의 세계가 닫혀 있기 때문이다

푸른 삶을 산 사람은 푸른 꿈을
붉은 삶을 산 사람은 붉은 꿈을 꾼다

오늘의 내 하루가 고왔다면 하룻밤 고운 꿈을
오늘의 내 하루가 사나왔다면 하룻밤 사나운 꿈을 꾸리라

그대의 한평생은 어떠했는가?
꿈은 저세상에의 암시며 예감이다

맑고 아름다운 삶
이것이 곧 천국에의 열쇠다

도량道場

시장 밑바닥에 굴러다니던 삼돌이란 놈이
세상이 시끄럽다고 큰 산을 찾았다
석파石波 스님이 된 삼돌이 그러나
절간도 소란스럽다고 암자에 나앉았다
하지만 암자의 목탁 소리도 번거로워
토굴을 파고 그 속에 홀로 묻혔다
토굴의 벽을 맞대고 열두 달은 지났는데도
천만 잡념이 꼬리를 물고 놓아주질 않았다
그러구러 서너 해가 바뀌던 어느 여름날 밤
한 마리 모기에 물어뜯긴 석파, 문득
문제는 세상이 아니라 제 몸인 것을 알았다
그래서 토굴을 박차고 다시 시중으로 내려와
팔도 잡배들이 득실거리는 시장 바닥에
자리를 펴고 앉아 자신을 다스리기로 했다
조약돌을 닦는 것은 고요한 물이 아니라
거센 여울이 아니던가
수십 성상이 지나 석파의 머리도 세어졌다
어느 날 천둥이 그의 머리를 깨고 지나갔는데

세상을 내려다보니

모두가 다 부처요, 보살 아님이 없었다

천국의 문門

세상의 종말이 왔다
이 지상에서 제일 소중한 것 하나씩만 가지고 저세상에 가도록 허락했다

어떤 자는 무거운 황금 뭉치를 낑낑대며 지고 간다
어떤 자는 연인의 손을 잡고 시시덕거리며 간다
어떤 농부는 씨앗 주머니를 소중히 안고 가기도 하고
어떤 어부는 큰 그물을 메고 가기도 한다
말을 타고 가는 자도 있고
수레를 끌고 가는 자도 있다

당신은 무엇을 가지고 가겠는가?

그런데
천상의 입구에 이르렀을 때
한 사람에게만 문이 열렸다

병든 노모를 업고 온
가난한 등대지기였다

제2부

새들을 날개 위에 올려라

물의 칼

대장간의 화덕에서 벼린 굳은 쇠붙이만이
예리한 칼이 되는 것은 아니다

물에 가슴을 베인 적이 없는가?

해협을 향해 몰아치는
거대한 파도의 모서리가 아니라

몇 방울의 물

두 안구를 적시며 흐르는
가는 눈물방울도

사람의 가슴을 베는 칼이 된다

물의 소요逍遙

공복의 아침,
지난밤 독주에 혹사당한 장을 달래기 위해
한 컵의 생수를 마신다
쪼르륵 내장으로 스며드는 시원한 냉수의 맛
수억만 개의 물의 분자들이 혈관을 타고
이윽고 체내에 침투해 들어가리라

한때는 바다에 머물었다가
한때는 구름 속 떠돌이였다가
한때는 소나기 방울이었다가

한때는 수목의 혈관을 흐르다가
한때는 짐승의 내장을 적시다가
한때는 새의 분비물에 섞였다가

어쩌다 지하 깊숙이 스며들어
천만 리 수맥으로 수천 년 흐르다가
어느 날 문득 붙들려 지상에 끌려나온 너

플라스틱 병 속에 감금되어 참 멀리도 달려왔구나
이 아침 너와의 만남 참 묘연도 하다

그러나 내일이면 또 내 몸을 빠져나가
다시 얼마나 긴 무량 세월을
무궁 세상과 뭇 중생들의 몸속을 떠돌며
보시행을 멈추지 않을 것인가
참 아득도 하구나 그대의 길이여!

혀

우리에게 입을 주시고
단단한 이빨들 사이에
부드러운 혀를 지으신 이여,
놀랍고 놀랍도다

날카로운 상하의 이빨 틈에서
먹이를 잘 씹도록 민첩하게 뒤척이며
씹은 먹이를 식도로 내려보내는
부지런한 노역자

입김을 굴리고 다듬어
번거로운 머리의 생각들을
자음과 모음의 음절로 정확히 엮어 내는
영특한 하인

천진한 애들은 혀를 내밀어 '용용!'
그들의 기분을 드러내기도 하고
점잖은 어른들은 '쯧쯧!' 혀를 차며

못마땅한 일들을 꾸짖기도 한다

그러나 그러나
세상 사람들아,
혀가 하는 가장 놀라운 일은
사랑이다

젊은 두 혀들이 만나 무엇을 하는가 보라
혀와 혀가 엉켜
서로의 노고를 위무하고
사랑이 황홀인 것을 가르치지 않던가

눈물에 관해서

몹시 슬프거나 혹은 감격스러울 때
우리의 눈에서는 눈물이 납니다

왜 눈에서만 눈물이 나는가요?
귓물도 입물도 아닌 왜 하필이면 눈물인가요?

눈이 다른 감각기관들보다
감정을 가장 예민하게 받아들이기 때문인가요?

물로 눈을 적셔야 할 이유가 어디 따로 있나요?
보지 말라고 잠시 수막水幕을 치는 것인가요?

못 볼 참상을 눈으로 보았기에 눈물이 난다 치면
슬픈 얘기를 귀로 들었다면 귓물이 나야 할 터인데

매운 고추를 먹다가도 입물이 아닌 눈물을 흘리고
아린 양파를 썰다가도 콧물이 아닌 눈물을 흘리지
뭐예요?

눈이 뭐 동네북인가요?
눈의 노조勞組가 없기 망정이지

만일 있었다면 얼마나 골치 아프겠습니까?
제대로 울 수도 없는 세상일 테니 말입니다

호수

호숫가에 앉아 호수를 들여다본다
물가의 갈대들이 물속에도 돋아나 있다
물속의 하늘을 배경으로
수양버들이 늘어져 있고
그 위를 구름도 흘러간다
새도 날고
낮달도 잠겼다
낚싯줄 끝의 낚싯대에 누가 매달려 있다
거꾸로 매달린 나
조용하고 깊은 세상이다
풍덩
개구리 한 마리 끼어들어
한 세상을 다 부수고 만다

개구리 울음소리

새벽에 눈을 떴다
뜬금없는 개구리 울음소리
요란도 하다

논밭도 없는 이 메마른 동네
어디서 그렇게 울어 대나
참, 이상도 하다

일어나
가만가만 찾아가 봤더니
부엌의 자동 압력솥에서
열심히 밥이 끓고 있다

한여름 내내 들판에서
벼들이 집어삼켰던
그 울음들이 뜨거워
다시 토해 내는가 보다

동면冬眠

겨울 산은 눈 속에서
오소리처럼 웅크리고 잠들어 있다

산의 체온을 감싸고 돋아나 있는
빽빽한 빈 잡목의 모발毛髮들

포르르르
장끼 한 마리
포탄처럼 솟았다 떨어지자

산은 잠시 눈을 떴다
다시 감는다

단화丹花*

진달래 꽃밭 이긴 화냥 노루 사향처럼

바다 속 천 년 묵은 침향목沈香木 슬픔처럼

먼 천사 나라의 옥피리[玉笛] 가락처럼

뼛속까지 저며 오는 사랑앓이처럼

내 코를 후벼 드는 이 은은한 훈향薰香

---

* 단화 : 이국종 훈향의 이름.

솔개

솔개가 한 40년 살면
깃은 무거워 날개는 처지고
부리는 구부러져 가슴에 묻힌다고 한다
그러니 높이 날기도 어렵고
사냥감을 물어뜯기도 힘들어
서서히 죽어 가게 마련이다

그런데 의지를 지닌 어떤 놈은 이때
높은 벼랑에 올라 환골탈태의 수련을 쌓는다
제 몸의 낡은 털과 깃을 다 뽑아낸 다음
스스로 제 부리를 바위에 쪼아 부서뜨린다
그리고 한 반년쯤 뜨거운 햇볕 아래
단식斷食 독공篤工의 고행을 쏟다 보면
헌 몸에 털과 깃이 새로 나고
빠진 부리의 자리에 새 부리가 돋는다
그래서 다시 한 30년을 더 살게 된다는데

내 머리도 다 세고 이도 다 빠지고

팔다리도 힘을 잃어 휘청거리니
나도 어느 벼랑의 바윗돌 하나 얻어
한 달포쯤
헌 몸 비비고 머리도 부딪다 보면
혹 머리 다시 검어지고 이빨도 새로 돋아
흐린 눈도 맑아질는지

맑은 하늘에 높이 떠가는
한 마리 솔개를 본다

홍어紅魚에 관한 한 보고

홍어를 자셔 보았는가?
가오리처럼 생긴 넓적한 생선—
미나리 초고추장에 얼큰히 버무린 홍어회를 드셔 보았는가?
콧등이 시큰하게 톡 쏘는 홍어의 맛을 보셨는가?
혹은 따끈한 홍어찜을 덥석 베물었다가 입천장이 홀렁 벗겨져 나간
홍어의 그 호된 맛을 보신 적이 있는가?
갓 잡아 올린 싱싱한 날것은 맛이 없다고
저 전라도 촌사람들은 두엄 속에 며칠 묻어 두었다가
얼큰하게 삭힌 다음 꺼내 먹는
썩혀 먹어도 배탈이 나지 않는
아니, 썩혀야 제맛이 난다는 이상한 생선*
저 남해의 흑산도 근역에서 잡아 올린
진짜 그 홍어의 참맛을 아직 못 보셨는가?
막걸리 한 사발에 홍어회 한 점,
그 홍탁이라는 유명한 전라도 음식을 아직 못 자셔 보았는가?

그랬다면 당신은 세상 헛산 것이여,

헛산 것이여!

---

* [보고] : 평소 홍어를 즐겨 들었던 이상한李相漢 박사는 홍어가 부패할 때 어떠한 현상이 발생하는지 연구했다. 홍어에게는 호리코겐Horicogen이라는 독특한 박테리아가 있어서 부패할 때 생기는 다른 잡균들을 제거하는 살균작용을 한다는 놀라운 사실을 발견했다. 그리하여 그는 홍어에게서 채취한 호리코겐을 배양하여 항균제를 만들려고 실험하고 있는데 머지않아 세계적인 항암제가 홍어로부터 얻어질지 모른다. 믿거나 말거나…….

막막한 답안지

세상은 거대한 학교다
우리는 시험을 치르는 학생
출제자도 감독도 보이지 않는
개방된 교실에서
풀어야 할 끝없는 문제들에
둘러싸여 있다

별들은 왜 반짝이는가?
태양은 왜 그리 눈부시고
달빛은 왜 그리 적막한가?
창공을 나는 새들
광야를 달리는 짐승들
대지에 뿌리박은 수목들
물고기며 곤충이며
우리의 이웃들은 누구인가?
우리는 다 어디서 와서
어디로 돌아가는가?

매일 아침부터 저녁까지
한평생 씨름을 하지만
하나도 풀지 못하고
빈 답안지만 안고
넋을 놓고 있다

언제쯤 감독관이 나타나
내 답안지를 회수하며
불량 열등 학생이라고
머리에 꿀밤을 먹이면서
유급을 명할지도 모르겠다

맛있는 것들은 다 단단하다

가시투성이의 밤송이를 열고
가까스로 손에 넣은 알밤의 껍질도 얼마나 단단하던가?
미로 속의 고소한 알맹이를 탈취하기 위해
우리는 얼마나 견고한 호두 알과 싸워야만 하는가?

아, 내가 좋아하는 패류들,
꼬막이며 백합이며 피조개며 전복이며……
그것들이 단단한 껍질로 무장하고 있는 것만 보아도
세상에 맛있는 것들이 어디에 다 숨어 있는지 짐작할 수 있다

그래도 모르겠거든
금은보화를 많이 가진 사람들이
단단한 철제 금고를 두는 이유를 생각해 보라

이 얘기까지 해야 될지 모르지만
쉬 열리지 않는 여인의 문이 황홀한 것도
다 그 때문이다

가시연꽃

가시연은 맷방석 같은 넓은 잎을 못 위에 띄우고
그 밑에 매달려 산다
잎이 집이며, 옷이며, 방패며 또한 문이다
저 연못 속의 운수행각, 유유자적의 떠돌이
그러나 허약한 놈이라고 그를 깔봐서는 안 된다
그를 잘못 건드렸다간
잎과 줄기에 감춰 둔 사나운 가시에 찔려
한 보름쯤 앓게 되리라
그가 얼마나 매운 마음을 지니고 있는가는
꽃을 피울 때 보면 안다
자신의 육신인 두터운 잎을 스스로 찢어
창으로 뚫고 올라온 저 가시투성이의 꽃대,
그 끝에 매달린 눈 시린 보라색 등대의 불빛
누구의 길을 밝히려
굳은 성문을 열고
저리도 아프게 내다보는가?

새들을 날개 위에 올려라

새는 날개로 허공을 받치고 떠오를 때 새다
새는 높은 나뭇가지 위에 올라 반짝이는 눈으로 지상을 응시할 때 새다

버려진 먹이를 찾아 인가人家의 주변을 서성거리거나
먹다 남은 먹이를 얻으려 육식동물의 곁을 어정거리는 놈들은
이미 새가 아니다

철원鐵原에 가서 겨울 독수리 떼를 보았는데
인간들이 던져 둔 고기에 취해 검은 쉼표들처럼 빈 들판에 날개를 접고 있었다
상원사上院寺에 가서 고운 멧새들을 보았는데
방문객들의 손바닥에 올라 스스럼없이 모이를 쪼고 있었다

그들은 이미 새가 아니라 가금家禽
언젠가는 닭처럼 날개를 잃게 되리라

간악한 인간의 손들이여
새의 날개를 꺾지 말고
그들을 맑은 날개 위에 올려라

딱따구리의 부리

먹이를 집을 땐
눈부신 포크

적을 방어할 땐
예리한 창

집을 지을 땐
민첩한 끌

그리고
속삭이며 애무할 땐

부드러운
입이며 손

사슴의 뿔

사슴의 뿔은 화려하다
소의 그것처럼 단순하지 않고
여러 갈래로 길게 벋어 허공에 치솟아 있다
이 얼마나 빛나는 무기인가
그러나 사슴은 그런 무기를 지니고 있지만
하나의 뿔도 갖지 못한 늑대 사자 무리들에게 먹히며 산다
아니 이 지상에서
사슴에게 지는 동물은 하나도 없다
풀잎만 씹고 사는 초식동물,
이 선량한 친구에게 먹힐 동물은 아무도 없다
사슴의 뿔은 전투용 무기가 아니다
그러면서 왜 거기에 그처럼 화려히 매달렸는가?
그것은 하나의 관이다
무엇을 위한 관이냐고?
암컷들에게 보이기 위한 위용의 관
저 수컷들과의 뿔 겨루기를 보라
덜그럭덜그럭
사슴의 뿔은 암컷을 얻기 위해서만 힘을 쓴다

아나크론

태평양을 횡단하는 아나크론이라는 철새가 있다
물고기를 사냥하며 살아가는 물새지만
물속에 들어가질 못한다
여느 물새들과는 달리 그의 깃털엔 기름기가 없어서
물에 젖으면 익사하고 만다
그러니 그는 긴 발톱만 가지고
물의 표면 가까이 헤엄쳐 가는 물고기를
날쌔게 낚아채야만 한다
잠시 물 위에 떠 쉬어 갈 수도 없는 아나크론!
참 불쌍한 새라고?
글쎄,
그래서 그는 가장 멀리 날 수 있는 날개를 지녔다
아니, 그런 능력을 지녔기 때문에
날개에 기름을 달 필요가 없었던가?
도대체 무엇이 앞선 것인가?
날개인가, 기름인가?
왜 둘이 아니라 하나인가?

간월암看月菴*

간월암 섬절을 물어물어 갔더니
바다가 미리 알고 물길을 열었네
마른 바다 모래 밟고 건너가 보니
절 문은 닫혀 있고 신우대만 으스스
무학舞鶴이 났다는 학돌재**는 어디고
만공滿空***이 깃들었던 선방은 어딘가
바다 막아 육지 만든 벽해상전碧海商田**** 가에
굴 파는 여인들만 옷깃을 잡는데
안개 속에 바다는 주저앉아 버리고
하늘엔 낮달도 보이지 않고
간월암 간월암 목탁 소리만
나그네 가슴속을 파고드누나

---

* 간월암 : 충청남도 서산시 부석면 간월도리에 위치한 작은 암자로 조선조 초 무학 대사가 창건하였으며, 만공 대사가 중건하였다고 전함. 만조에는 섬이 되고 간조에는 육지와 연결됨. 무학이 달을 보고 깨달은 곳이라 하여 '간월암' 이란 이름이 생겨났다고도 함.

** 학돌재 : 이태조의 왕사王師였던 무학 대사가 태어났다는 곳.

*** 만공 : 조선조 말기의 선승.

**** 벽해상전 : 상전벽해桑田碧海를 패러디한 것임.

신발에 관한 동화

아버지가 장에 가서
신발을 사 오셨다

오 남매의 신발
다섯 켤레 고무신이었다

성미 급한 형은
며칠 신다 굽이 터지자 엿 사 먹고 말았다

마음 착한 누나는
매일 깨끗이 닦아 조심조심 신었다

개구쟁이 막내 동생은
개천이고 산이고 첨벙대며 신고 다녔다

소심한 누이동생은
댓돌 위에 얹어 놓고 바라다만 보았다

나도 돌밭길을 달릴 때는
두 손에 벗어 들고 맨발로 뛰었다

어느 날 아버지가 형제들을 불러 놓고
자신의 신발들을 가져오라 이르셨다

형은 없는 신발을 가져올 수 없었고
막내의 신발이 제일 엉망이었다

가장 양호한 신발은
누이와 누님의 것

새 신발이 필요한 자는 바꾸어 주리라
아버지가 이르셨다

그러자 손을 든 놈은 오직
막내뿐이었다

만해화萬海華

천만 성운星雲의 별들 중 가장 빛나는 지구
지상에서도 제일 아름다운 금수강산
산 가운데 으뜸인 백두대간의 설악
설악의 심장인 맑은 백담의 계곡에서
이 시대의 가장 거룩한 님을 기리는
성스러운 축전을 경건히 펼치노니

한때, 이 강토가 어지러웠던 시절
잠든 백의白衣의 푸른 혼을 일깨운 지사志士로
잔악한 야만野蠻의 멱살을 잡아 뒤흔들던 투사鬪士로
사찰寺刹의 낡은 빗장을 열어젖힌 유신의 선사禪師로
만인의 흉금을 사로잡은 사랑의 시인詩人으로
섬광처럼 이 땅에 오신 님, 만해萬海여,

개울이 모여 여울을 만들고
여울이 모여 강물이 되던가?
천의 강하가 모여 바다를 이루고
일만 바다가 모여 만해가 아니던가?

만해, 당신은 삼라만상을 다 안은 자비요
억만 중생을 기르는 무궁한 생명수로다

님이 뿌린 정기精氣의 씨앗은 싹이 돋고 자라
어느덧 한 그루 거목으로 굳게 뿌리를 내렸나니
이제 너울거리는 무성한 가지마다 꽃이 피어나
눈부신 광채, 신묘한 향훈香薰이 팔황八荒을 감싸도다
의기義氣와 자애慈愛의 혼이 빚어낸 만다라화曼茶羅華,
세상을 환히 밝히는 만해화여!

산들은 하늘을 향해 더욱 높이 치솟고
강들은 바다를 향해 더욱 도도히 흐르는구나
뭍에 실려 가는 무량無量의 초목금수草木禽獸들도
물에 실려 가는 억만億萬의 어하해패魚鰕蟹貝들도
성하盛夏의 눈부신 태양 아래
푸른 동들을 뒤채며 구원久遠의 꽃을 찬미하는도다

* 이 글은 2005년 만해축전 행사를 위해 쓴 축시임.

제3부

쓸쓸한 비결

사랑에 관한 충고

눈은 보기 위해 열려 있고
귀는 듣기 위해 뚫려 있다

닫힌 눈, 막힌 귀가
우리를 슬프게 한 것은 그 때문이다

발은 걷기 위해
손은 잡기 위해

울리지 않는 종은 종이 아니다
열매를 모르는 꽃은 꽃이 아니다

아, 사랑을 모르는 척하는 그대여!
잔인한 적막이여!

그것은 순결이 아니라
우주의 파산破産이다

늦은 답장

어떤 편지의 답장은 하루 만에 오기도 하지만
또 어떤 편지의 답신은 열흘이 넘기도 합니다
수만 리 밖 이국으로 띄워 보낸 소식은
되돌아오는 데 달포가 소요되기도 합니다
그렇다고 회신의 속도가 꼭 거리와 비례하는 건 아닙니다
가까운 곳에 사는 사람에게서도 회신이 늦는 경우가 있습니다
밤마다 쓰고 지우고 한 답장이 수십 년 걸리는 수도 있으니까요
간절한 사연일수록 되돌아오는 데 많은 시간이 걸리는지 모릅니다

어제 조그만 화분 하나가 우리 집에 배달되었습니다
'천사의 나팔' 이라는 이름을 달고 있는 신기한 화초인데
화분 곁에 분홍색 쪽지가 하나 끼어 있었습니다

초등학교 3학년 때 가정방문을 오신 선생님 따라
읍내의 예쁜 소녀가 산골 우리 집을 찾아왔습니다
황홀한 이 손님들에게 무엇을 드려야 하나?
장독대 곁에 피어 있던 작약 꽃 두 송이를 따서
선생님과 그 아이의 손에 쥐어 주었습니다
그렇게 해서 나는
그녀에게 꽃을 준 첫 남자가 되었습니다

그 작약 꽃 한 송이가
'천사의 나팔' 이 되어 돌아오는 데는
한평생이 걸렸습니다

신발

무릇 세상의 모든 것들은 제 나름의 신발들을 신고 있다
배는 물의 신발 위에 있고
달은 구름의 신발을 달고 있는 셈이다
지금의 차는 둥근 수레의 신발을 굴리며 단숨에 천리를 달리기도 하지만
옛날의 가마는 사람의 어깨를 신고 하루에 백 리를 가기도 했다
어떤 것들은 너무 크고 무거운 신발에 갇혀 움직이지 못하기도 한다
넓은 대지의 신발을 신고 있는 산들이 그러하고
깊은 흙의 신발을 신고 있는 나무들이 또한 그러하다
일찍이 내 조부께서는 잘 마른 오동나무 조각으로 나막신을 만들어 내게 신겼다
때로는 삼과 왕골속을 촘촘히 엮어 곱게 물을 들인 미투리를 신기기도 했다
그분이 세상을 뜨고, 내 나이 들어 어지러운 저자 골목을 굴러다니면서

내 발목에 끼운 신발들은 모두 선량한 짐승들의 가죽이었다
그동안 내 몇 놈의 소와 말의 가죽에 얹혀 세상을 살아왔던가
문득 오늘 아침 내 발이 사뭇 부끄러워
잠시 맨발로 땅에 내려 서 본다

순금의 시간

오늘 오후 드디어 종강!
성적 처리만 남았다

매실주는 아직도
병의 절반쯤 채워져 있고

버튼만 누르면
내가 좋아하는 인디언 여자*의
그 목관악기
영혼의 소리도 들을 수 있다

별로 덥지도 않은
6월 중순의 오후
합환수合歡樹의 연분홍 꽃술들
은하의 별들이 내려앉은 듯
황홀하다

어느 반가운 이가 찾아오려는가

귓속이 가렵다

메일 박스를 여니
두 사람이 기다리고 있다

* 메리 영블러드Mary Youngblood, 북미의 민속 관악기 연주가.

나는 토끼다

나는 토끼다
기묘己卯생 토끼띠
음력 5월에 났으니 때를 만났다고
사주四柱는 말한다

그러나 60 평생 한 번도
큰소리치며 살아보지 못했다
세상을 향해서는 말할 것도 없고
내 집 안에서도 늘 숨죽여 지낸다

왜 토끼에게는 단단한 뿔이 없는가?
왜 토끼에게는 사나운 발톱이 없는가?
왜 토끼에게는 날카로운 이빨이 없는가?

하다못해 고슴도치처럼
가시라도 지녔어야 할 텐데
쓸데없이 큰 귀만 달고 있어
조그만 소리에도 놀라 가슴을 조이고

앞다리는 짧아 넘어지기 일쑤다

언청이 입에
구부러진 등
귀가 얇어
남의 말에 잘 속고
겁이 많아
사람들 모이는 곳에도 못 간다

나는 토끼다
날카로운 이빨도 사나운 발톱도 없는 토끼
개들도 비웃고
닭들도 얕보고 지나간다

왜 내겐 뿔을 안 주었는가?

궁합宮合

명인名人은 명금名琴을 만나
만고의 소리를 빚고
명군明君은 충신忠臣을 만나
만 리의 천하를 얻는다

아무리 명궁名弓 보검寶劍이라도
명장名將을 만나지 못하면
보통의 활과 칼에
지나지 않을 뿐

몇억만 세월 만에
몇억만 사람들 틈에서
나와 그대가 만나
빚어낸 이 황홀이여!

명궁名宮이로다
명금名琴이로다

적요의 밤

적요의 밤
내 등이 가렵다
히말라야의 어느 설산에
눈사태가 나는가 보다

적요의 밤
귀가 가렵다
남태평양의 어느 무인도에
거센 파도가 이는가 보다

적요의 밤
잠이 오지 않는다
내 은하계의 어느 행성에
오색의 운석들이 떨어지고 있나 보다

적요의 밤
어디선가 밀려오는 향훈……
내가 떠나왔던 아득한 전생의 종루에서
누군가 지금 종을 울리고 있나 보다

사람을 찾음

저 나그네 누구인가?
어디서 본 듯도 한 낯선 사내

머리는 세고
이빨은 다 무너진 채
오래 헤어졌다 문득 나타난
어린 시절의 친구 같은—

먼 길을 걸어온 듯
우수 어린 눈빛도
아프구나

아, 그대는 정녕 누구인가?
문득 이 아침 나를 내다보고 있는
거울 속의 저 사내

효자손

가신 어머님이 쓰시던
효자손이
오늘은 내 등을 긁는다

불효자 나 대신 늘
어머님 등을 긁던 손

이제는
네 마리 내 새끼들도
뿔뿔이 다 흩어지고

늙은 아내도 손주 보러
가고 없는
오후의 빈 뜰에서

어머님이 남겨 두신
부서진 나무손이
내 등을 긁는다

비밀은 아름답다

비밀이 없다면
우리들의 생애는 얼마나 쓸쓸할까?

내장이 다 드러나 보이는 물고기처럼
우리의 일상은 얼마나 허탈할까?

보석 같은 비밀들이 있으므로
고된 인생은 문득 영롱하다

다섯 살까지 젖꼭지를 물었다든지
일곱 살까지 키를 쓰고 다녔다든지

밤을 새며 남몰래 쓴 편지며
여름밤 참외밭을 기던 사건이며

남자들은 새로운 여자 앞에서 늘
당신이 첫 번째라고 고백할 수 있고

바람피운 과부들도 한평생 수절했노라고
세상을 향해 큰 열녀문을 세워도 된다

숨겨 둔 사랑이며, 감춰 둔 통장이
삭막한 세상을 구원한다

국가를 전복하려는 음모나
거액의 공금을 횡령한 부정 같은

무겁고 치사스런 것은 잘 모르겠지만
비밀은 언제나 우리를 신나게 한다

망각에 대한 위로

나비나 벌은
그들이 좋아하는
한 종류의 꽃을 기억하는 것만으로도
한평생 풍요롭게 잘 산다

이 부질없는 욕심이여,
이미 남의 아내 된
지난날의 그 처녀 이름 잊어 먹었다고
너무 안타까워할 것 없다

삼국을 통일한 신라의 왕이 누군지 몰라도
아랍을 점령한 미국의 대통령이 누군지 몰라도
내 인생 별지장 없다
이 세상 잘 굴러만 간다

히말라야 계곡의 눈사태 나거나 말거나
고비사막 모래바람 일거나 말거나
그것들 알아도 별것 없고

그것들 몰라도 별것 아니다

사람이든 풀이든
일상의 이웃들 만나면 그저 반갑게
서로 미소 나누는 그것이 즐거운 삶!
잊지 않으려고 낑낑대며 무거워 할 것 없다

나무를 보며

이른 봄 돋아난 여린 잎은 나물이 되기도 하고
눈부신 꽃들은 벌들의 잔치마당이 아니던가?

여름 한낮 더운 몸을 식혀 주는 시원한 그늘
가을 저녁 짐승들의 빈 배를 채운 고소한 열매

사람들은 마른 가지로 겨울의 스토브를 덥히고
드디어 몸통을 잘라 집의 기둥을 삼기도 한다

나무의 한평생은 그렇게 베풂인데
너는 세상에 무엇을 준 적이 있는가?

지음知音

독일의 시인
권터 아이히Guenter Eich(1907~1952)는 자랑했다

　　사론스키에 내 시를 읽는 독자가 한 사람
　　바트나우하임에도 또 한 사람 있음을 안다
　　그러면 벌써 두 명 아닌가!

춘추시대의 악인樂人 백아伯牙는
그의 소리를 아는 유일한 친구
종자기鍾子期가 세상을 떠나자
거문고 줄을 끊었다

권터는 둘
백아는 하나

오늘 내 소리를 듣는 이는 몇인가?
내가 알기로는 아직
하나도 없다

나도 노조를 하나 만들까 보다

무슨 노조냐고?
별로 마음 내키진 않지만 말이 나왔으니 숨길 것도 없다
의치노조다
의치노조라니?
가짜 이빨도 모르는가? 의치노조義齒老組 말일세!

눈을 잃은 사람은 시각장애인
귀를 잃은 사람은 청각장애인
팔이나 다리를 잃은 사람은 지체장애인
신체의 한 부분을 잃으면 다 장애인인데
왜 이빨을 잃은 사람은 장애인이 아닌가?

틀니를 낄 수 있으니 괜찮다고?
그런 논리를 펴는 관리가 있다면
그놈의 생니를 다 뽑아 틀니로 교체한 다음
요즈음 근황이 어떠신가 여쭈어 볼 일이다
잘 씹히십니까?

음식 맛이 괜찮습니까?

세상이 노조들 판인데
의치노조를 만들지 말라는 법이 어디 있는가?
우리들도 장애인으로 우대하라!
단단하고 질긴 식품들에겐 치세齒稅를 부과하고
식당마다 의치인들을 위한 V.I.P.석을 마련하고
공중화장실 옆에 의치 세척실을 설치토록 하라!

의치는 왜 의료보험 혜택을 안 주는가?
건강보험공단에서는 하루바삐
가난한 모든 의치들을 임플란트로 교체토록 하는
국가적 대 역사役事에 돌입토록 하라!
씹는 힘, 치력齒力은 곧 국력國力이다!

바람의 스승

온 세상이 깊은 눈 속에 묻혔을 때
그분은 홀로 이 세상을 뜨셨다

1952년 어느 봄날
전라남도 승주군 주암면 창촌리 산골에
짙은 갈색 안경에 검은 베레모를 쓴
바람의 신 같은 젊은 청년이 찾아왔다

그리고, 그는 아무 물정도 모르는
열네 살의 어린 한 소년에게 바람을 넣었다
세상을 움직이는 가장 큰 힘을 지닌 사람이 누군 줄 아느냐?
백만 대군을 거느린 장군도 아니고
억만 금을 거머쥔 거부도 아니고
천만 백성들 위에 군림하는 제왕도 아니고
한 자루의 아름다운 펜을 가진 사람이다

그는 소년의 황량한 가슴에 매일 종균을 뿌렸다

소년은 드디어 '글의 병' 을 앓으며 고향을 떠났다
읍으로, 큰 도시로, 다시 먼 서울로 떠돌며
거센 세상의 풍파에 시달리면서도
언제나 한 자루의 펜을 삿대처럼 쥐고 있었다
소년은 청년을 지나고 장년을 넘어 드디어
아홉 권의 시집을 가진 중견 시인이 되었다

어느 날
늙은 소년은 아홉 권의 시집을 들고
바람의 스승을 찾아갔다
도대체 이것들이 세상을 움직이는 무슨 힘이 있습니까?
그러자 스승은 웃으면서 말했다
저 산야를 뒤덮고 있는 거대한 숲들을 보라
저 아름드리의 거목들도 애초의 시작은
눈에 길 띄지도 않는 작은 씨들로부터 비롯되지 않았느냐
그것들이 수많은 계절들이 흐르는 동안 자라고 자라

거대한 수목들로 지상을 저렇게 덮고 있구나
네가 세상에 뿌린 시의 종자들도
어느 이름 모를 사람들의 가슴속에 뿌리를 내려
말없이 자라고 있으리라

그리고, 바람의 스승은 갔다
막상 당신은 한 권의 시집도 이 지상에 남겨 놓지 않은 채
시인도 소설가도 아닌 무명의 한 문학 애호가로
한평생 시골에 묻혀 살다가
새로운 세기가 시작되는 어느 겨울밤
온 세상이 깊은 눈 속에 묻혔을 때 바람처럼 갔다
한 소년의 가슴속에 영원히 지워지지 않을
시의 나무를 한 그루 심어 놓고……

도둑처럼

딸깍
그대의 집 초인종을 누른다
소리도 없이 열리는 문門
그대는 없고 빈방에
그대가 벗어 놓고 간 허물 같은 언어들만
남루하다
그대의 체온도
그대의 체취도
만질 수 없는
평면사각平面四角의 형광 방
힐끔거리며 주위를 잠시 살핀다
"메모를 남겨 주세요"는
못 본 척
내 종적을 흘리지 않고
훌쩍 도둑처럼 담을 넘어
옆집의 문을 밀고 들어간다

아직도

남은 몇 개의 이에 의치를 걸기는 했지만
아직도 매실주에 잘 삭힌 매운 홍어를 맛볼 수 있게 하시고

돋보기의 도움을 받기는 하지만
아직도 맑은 왕유와 제백석을 즐길 수 있게 하시고

보청기에 의존하지 않고도
아직도 지나간 명창들의 남도소리며 대금산조에 귀를 열어 주시고

매일 혈압강하제를 한 알씩 복용하기는 하지만
아직도 가까운 삼각산 산자락에 오를 수 있게 하시고

잉어의 등처럼 싱그러운 젊은 여성들의 곧은 다리를 보면
아직도 설레는 가슴을 멈추지 않게 하시고

잘못 돌아가는 세상의 얘기를 들을 때면
아직도 여윈 주먹이지만 불끈 쥐게 하시고

너무 큰 재주 주시지 않아 아직 교만에 사로잡히지 않게 하시고
너무 많은 돈 주시지 않아 아직 방탕에 빠지지 않게 하시고

내 가족과 이웃들
아직도 날 사랑하게 하시니……

하느님,
고맙습니다

짐이다

식구들이,
뜰에 심은 몇 그루의 화초들이
내 등에 짊긴 짐이다

친구들이,
일이 있을 때 오고 가야 하는 친지들이
주말을 앗아간 무거운 짐이다

대한민국이,
거리를 휩쓸고 지나가는 촛불들의 홍수가
나를 잠 못 들게 하는 짐이다

무너지는 오존층이,
녹아내리는 북극의 빙산이,
주저앉은 산과 병든 강물이

다 나의 짐이다

그러고 보니
이 지구에 실려 가는 모든 것들이
내 짐 아닌 것이 없다

보라, 밤마다 잠을 잘 때도
나는 이 땅덩이를 통째로 등에 지고
꿈길을 헤매고 있지 않는가?

도원홍의도桃源紅衣圖

운수재의 식탁 내 자리의 맞은편 벽에
세로 반절 크기의 동양화 한 폭이 걸려 있다
안개 속에 절벽이 솟구쳐 있는 심산유곡인데
온 계곡이 만발한 복숭아꽃으로 가득하다

좌상에는 길게 폭포가 드리워져 있고
좌측에서 벋어 나온 반석의 가장자리쯤
그림의 정중앙에 한 인물이 자리하고 있다
다리를 포개고 단정히 앉아 있는 좌상인데
검은 머리에 붉은 장삼을 걸쳤다
곁에는 빈 바리가 하나 놓여 있고……

이 그림은 내가 한창 젊었을 적
욕망의 회오리를 벗어나지 못해 시중을 떠돌며
한 화실을 드나들던 때가 있었는데
그 화실의 주인이 내게 그려 준 것이다

"이 인물이 바로 임보 형이에요!"

아직도 그의 목소리가 내 귀에 쟁쟁하다
무슨 생각으로 복사꽃 만발한 도원의 한가운데
붉은 옷을 입혀 나를 앉혀 놓았는지……
雲影室主人이라고 적어 놓은 그 화가는
지금 어디서 무엇을 하고 있는지 소식이 묘연하다

오늘 저녁 매실주 한잔 홀짝이다가
문득 이 그림에 이름을 다노니
「桃源紅衣圖」라 한다

피안의 도원경이 참 아득도 하다

쓸쓸한 비결秘訣

이제껏 세상이 내게 그랬던 것처럼 마지막
죽음이 내 육신을 물어 뭉그러뜨린 뒤에도
나는 다시 살아날 것이다

내가 뿌린 문자의 씨가 한 톨이라도
이 지상에 남아 있는 한
나는 활자의 어두운 창을 열고 부활할 것이다

그리하여 선량한 사람들의 가슴속에 몰래 파고들어
곤충처럼 수억만 개의 알을 슬 것이다

어느 날 그들의 육신을 뚫고
하늘을 향해 비상해 오를 수억만 마리의 나방이 떼!

그날에 내 활자를 지닌 자는 복을 누릴지니
나방이와 더불어 천국에 이르리라

제4부

세상을 밀고가는 그늘

벌들의 길처럼

호박꽃에는 호박벌이
대추꽃에는 대추벌이
고추꽃에는 고추벌이

일러 주는 이 아무도 없는데
어떻게 제 길을 알고 찾아든다

사람들도
말을 찾아 경마장으로 가는 놈
술을 찾아 객줏집으로 가는 놈

밤이 되어도 걱정 없다
골목마다 불빛이 환하다

뭍의 세상

남해 거문도쯤에서
한 40분만 바다로 달려 나가 보면
이 세상은 뭍[陸]이 아니라
물[海]이라는 사실을 알게 된다
지상의 7할이 물로 뒤덮여 있고
바다의 깊이가 산들의 높이보다 더하니
우리 사는 이 세상은
지구地球가 아니라 수구水球,
하나의 큰 물방울 — 푸른 수국水國이다
거친 바다의 물결을 가르며
날듯이 헤엄쳐 가는 저 상어의 무리들을 보라
엔진도 프로펠러도 달지 않았지만
그들은 얼마나 눈부시게 비상하는가
물나라의 왕자들
그들이 이 세상의 주인이다
뭍에 붙어사는 생명들은 한갓 더부살이일 뿐
지상에 군림하는 간악한 인간들이여
그대들이 강자라고?

물속의 세상에선 단 몇 분도 맨몸으로 버티지 못하는
나약한 무리들일 뿐
너희는 이 세상을 더럽히고 파괴하는
불량배에 지나지 않을 뿐
이 세상의 주인은 비늘 번득이는 어족魚族들
이 세상의 황제는 수궁水宮에 있다

너무 헷갈린다

갯가에 가면
도다리와 광어가 나를 헷갈리게 한다
어느 쪽으로 기운 놈이 그놈인지
수차례 설명을 들었건만 구분이 안 간다
가오리와 간재미
부서와 조기 놈들도 나를 홀린다
낙지볶음에 주꾸미를 넣어도 나는 모른다

이른 봄에 산에 가면
노란 수술꽃 매달고 있는
산수유 생강나무 헷갈린다
여름 들어 잎들이 무성하면
단풍, 은행잎이야 나도 잘 알건만
물푸레, 오리, 상수리, 굴참나무 들은
그놈이 그놈 같아 혼란스럽다

중국집에 가면
잡탕과 팔보채가 헷갈리고

양식집에 가면
수프며 스테이크들이 골치 아프게 한다
코 큰 서양 놈들 보면
게르만, 앵글로색슨
터키, 아라비안들이 다 한 족속만 같다

더군다나
한잔 걸치고 돌아오는 저녁이면
지하철역의 상행선 하행선이 헷갈리고
아파트의 이 동 저 동이 나를 홀린다
층수를 잘못 잡아
남의 집 문 앞에서 초인종을 누르다
망신을 당한 적도 한두 번이 아니다

나는 무수히 찍혔다

지하철을 타고 내릴 때마다
교차로 횡단보도를 건너다가
우체국 창구며
24시간 자동코너에서
슈퍼마켓에서 일용품을 사다가
세콤이 붙어 있는 대문 앞을 지나다
나도 모르게 나는 찍힌다

아니,
현금 출납 시는 말할 것도 없고
도서관의 도서 대출이며
식당에서 카드를 그을 때도
전화기의 버튼을 누를 때도
인터넷 사이트를 드나들 때도
나는 여지없이 찍힌다

영상과 기호로만 존재하는 나
빛과 전기의 칼날에

만신창이로 찢긴 채
무수한 공간에 분해 감금되어 있다
핀에 찔린 곤충처럼
전자 그물에 사로잡혀
꼼짝달싹 못하는 신세다

아,
어떻게 그 구속을 벗어난다?
주민번호에
군번, 학번
ID며 Pass Word들
이것들을 어떻게 빠져나온다?
그러니 속수무책 찍힐 수밖에

포커페이스

속이는 건 인간들의 속성
세상은 거짓을 먹고 살아간다

부모를 속이고
연인을 속이고
친구를 속이고
나 자신을 속이고

적의를 우정으로 감추는 정치가
증오를 사랑으로 포장하는 성직자

보라, 영화와 소설
속이는 이야기들이 판을 치지 않던가?

마술사의 손이 눈부신 기적을 빚어내듯
도박사의 패가 감쪽같이 살아나듯

잘 속이는 놈이 장땡이다

많이 속이는 놈이 왕초다

까짓것
눈에 잘 보이지도 않는
줄기세포 하나쯤 속였다고
그게 그리 대순가?

황 박사 만세!
브라보 황! 황!

도장에 관한 명상

은행 창구에서 도장을 찍다 문득
도장에 걸린다

인장印章, 낙관落款, 직인職印, 관인官印, 옥새玉璽,
국새國璽……
목인木印, 석인石印, 철인鐵印, 옥인玉印, 아인牙印,
무인拇印……
검인檢印, 소인消印, 봉인封印, 계인契印, 낙인烙印,
압인壓印……

종류도 참 많고
용도도 참 많다

목인이나 옥인이나 행세하기는 마찬가지지만
옥새나 국새는 아무나 만질 수 없다

도장을 잘못 찍어 패가망신하기도 하고
도장을 잘 찍어 한몫 잘 챙기는 수도 있다

사람들의 운명이
한 개의 조그만 도장에 달려 있다

처녀와 총각 사이에 도장을 찍었다고 하면
하나가 되었다는 뜻
아내와 남편 사이에 도장을 찍었다고 하면
갈라섰다는 뜻

도장도 참 알쏭달쏭이다

세상에는 눈도장이라는 것도 있어서
세도가의 잔치마당이 인산인해를 이루기도 한다

....

거기 누구 혹시
내 목도장 받고자 하는 이 아무도 없는가?

간밤에

간밤에 천둥이 그리 설쳐 치더니
이 아침 물소리가 이리 사납구나

간밤에 수부엉이 그리 울더니
이 아침 철쭉들이 이리 타는도다

간밤에 그리 달던 그대의 노래
이 아침 낮달로 서천에 뜨네

아, 간밤에 그리 붉던 내 꿈길은
이 아침 뉘 뜰에 어찌 피려는고?

위로

그대여
너무 슬퍼하지 마라

고흐Gogh도 있고
수근壽根도 있다

곤궁과 멸시가
그대의 허리를 비틀지라도

굽힐 줄 모르는
그대의

푸른 꿈이
너무 깊어

세상이 장차
무릎을 꿇으리라

『갓스워드』

『갓스워드』는
1999년 12월 런던의 어느 초라한 고서점에서
프랑스의 한 고고학자에 의해 발견된 책이다
저자도 연대도 망실된 필사본인데
두 세기 전쯤
아일랜드의 한 박물학자가 쓴 것으로
발굴자는 추정했다

그 고고학자는 이 『갓스워드』를 읽고
한 달포쯤 실성한 상태였다
그것은 한 시대의 시공을 넘어선
우주의 심장을 뚫는 잠언서箴言書인데
거기에는 이 시대를 지배하고 있는
원시경(텔레비전)과 만능기(컴퓨터)에 대해서도
이미 예언되고 있었다

이 책을 기록한 저자는 아마
당대에는 허무맹랑한 몽상가로 치부되었으리라

몇백 년을 앞서 간 그를 알아보지 못한
세상 사람들은 다 청맹과니였다
그런데 또 놀라운 것은
그 책의 말미에 덧붙은 몇 줄의 참언讖言이다

구름을 뚫고
큰 손님이 내려오리라
그리고
물이 온 대지를 덮고
불이 온 누리를 태우리라

큰 손님의 하강을
어느 종교인은 신의 강림으로 받아들이고
어느 천문학자는 유성의 출현으로 해석하는가 하면
어느 반전론자는 수폭과 같은 가공의 무기라고 주장
한다
그러나 그 손님이 무엇일지
어리석은 사람들은 그가 지나간 뒤에야 비로소

알리라
　『갓스워드』의 의미도
　God' s Word(神語)인지 God Sword(神劍)인지
　알 수가 없다

병력病歷

하루쯤 앓게 되면
육신의 소중함을 깨닫게 되고

한 열흘쯤 앓게 되면
목숨의 존귀함을 깨닫게 되고

한 달포쯤 앓게 되면
이 세상 삼라만상이 얼마나 아름다운지를
깨닫게 된다

앓아 본 적이 없는 자여,
어찌 삶의 깊은 맛을 짐작할 수 있으리

거대한 소망

아, 그와의 첫 만남은 얼마나 황홀했던가?
두메산골 한 촌놈이 열여섯 어느 봄날
광주의 번화가 충장로 한 중국집에서
그를 처음 만나 한 사나흘 밥맛을 잃었던

일곱 살짜리 내 손자 녀석은
왜식집에 가서도 그놈만 찾는,
아니, 조선 팔도의 모든 어린이들이
한결같이 좋아하는,

가난한 이들의 식탁에 자주 올라
그들의 공복을 달래 주는
맛있는 한 그릇의 자장면,
손자장면

그 자장면 같은 그런
사람이 될 수는 없을까?
서민들이 즐겨 찾는
아, 우리들의 대통령

거울 없는 나라

거울이 없는 나라가 있다

그곳에 사는 사람들은 자신의 얼굴을 모른다
내가 내 얼굴을 볼 수 없으니
남의 얼굴을 보고 내 얼굴을 짐작할 수밖에 없다

그 나라에서는
언청이도 남이 미인이라 하면 미인으로 알고
미인도 남이 점박이라 하면 점박이가 된다

나는 내가 아니라 남의 입에 달려 있다

공중화장실에서 문득 깨달음

담배 연기로 오리무중인 버스터미널 공중화장실에서
어떤 놈들이 뱉어 낸 매캐한 담배 연기를 마시면서
미지의 폐들 속에 들어갔다 나온 매연을 들이켜면서

내 허파를 씻은 공기들이 또 누구의 허파 속에서
좌충우돌 구석구석 요동을 치다 나올까를 생각하면서
우리들은 한 물에 노는 물고기라는 것을 확인하면서

공기가 사람과 사람들뿐만 아니라 동물과 식물들
모든 생명들을 묶고 있는 단단한 끈이라는 사실을
문득 깨닫게 한 담배 연기의 버스터미널 공중화장실

당신의 가치

한 사내를 굴리는 것은
여인들의 젖통이고

한 나라를 굴리는 것은
간신배들의 권모술수다

갈채에 싸인 유명한 인물들?
천하를 농치는 아첨과 비굴

지상을 움직이는 것은
모두 속물들의 힘이다

그래도 아직 세상이 덜 무너진 것은
멍청한 당신이 버티고 있기 때문

짓밟고 올라서라

내가 마신 한 컵의 음료수
오늘 아침 내가 씹어 삼킨 밥과 반찬
그리고 온종일 땀 흘려 얻은 몇 푼의 급료
이 모든 것들이 내가 투쟁해 얻은 전리품이다

한 국회의원의 가슴에 매달린
번쩍이는 금배지는
얼마나 많은 정적들을 깔고 뭉갠
정복의 표상인가

세상을 움직이는 굴지의 기업체
그 회사의 회장이 앉은 거대한 회전의자는
얼마나 많은 사람들의 피와 땀으로 빚은
승리의 권좌인가

한 나라의 재상과 제왕들은
더 말해서 무엇하리

상대를 뭉개지 않고 유명의 자리에 올라선 사람은
아무도 없다
슈바이처도 간디도 테레사도
석가나 공자 예수 어떠한 성인들도 다
몽매한 백성들의 몸을 딛고 올라선 정복자들이다

다만
독재자들이 민중들을 제압했던 무기는 칼과 창이었지만
성인들의 무기는 사랑과 자비라는 이름의 것이었을 뿐
그대도 출세를 원하거든
이웃들의 수많은 등을 짓밟고 올라서라

젖은 신문을 말린다

재활용 쓰레기를 버리려다가
젖은 신문 뭉치를 본다
종이박스에 넣어 현관 밖에 내놓았던 것이
지난밤 내린 비에 흠뻑 젖었다
그냥 버릴까 하다가 한참 들여다본다

빗물에 익사한 활자와 영상들이 측은하다
박스 안에서 들어내 한 장씩 펼쳐 놓는다
현관의 계단에서부터 베란다에
마당의 화초들 위에도 얹는다
향나무, 사철나무, 회양목
모란꽃 봉오리 위에도 걸친다
차의 보닛, 지붕, 유리창에도 도배를 한다
집 안이 온통 젖은 신문지로 뒤덮였다

세상을 뒤흔들던 거창한 사건들이
세상을 주름잡던 거대한 인물들이
서로 달라붙어 죽을 쑤고 있다

어제와 그제가 공존하는 초현실
이편과 저편이 아무런 거부도 모르고 뒤엉켜 있다
전쟁의 포연도
주식의 등락도
아메리카도 아라비아도
잘나가는 배우도 운동선수도
모두다 혼음처럼 떡이 되어
숨 막혀 죽겠다고 아우성들이다

신문을 젖게 한 것은 세상을 망치는 일이다

나는 왜 젖은 신문을 말리고 있는가?
뜰과 마당을 서성이며
한나절 내내 이놈 저놈을 뒤집어 대면서
말린다고?
그러나 원상회복이 절대 불가능한 이 도로徒勞를
나는 왜 굳이 이렇게 하고 있는가?
그것은 뭉개진 것들에 대한 연민 때문이 아니라

내 자신에 대한 벌罰이다

엊저녁 늦게 귀가했을 때
내리는 몇 개의 빗방울을 맞고 들어오면서
현관의 외등 불빛에 분명 보았다
거기 신문을 담고 있는 박스가 웅크리고 있는 것을
목격하고도 그냥 현관문을 닫고 들어왔다는 사실－
그 비겁이 오늘 아침 머리를 들었다
신문을 말리는 것은 내 비굴을 말리는 것이다

기라성 같은 이름도 다 으깨지고
불세출의 얼굴도 다 뭉개지고
말썽 많은 말들도
화사한 광고 사진들도 다 떡이 된
젖은 신문들을
대관령 덕장에 황태를 걸 듯
나뭇가지에도 걸쳐 놓고……
젖은 신문을 말리는 것은
나를 말리는 것이다

세상을 밀고 가는 그늘

병든 사람들이 없으면
병원은 문을 닫고 의사들은 망하리라

화재가 발생하지 않으면
소방서는 헐리고 소방관들은 옷을 벗으리라

전쟁이 일어나지 않으면
무기는 녹이 슬고 군대는 해산하리라

범법자가 서서히 없어지면
검사도 판사도 맥을 못 쓰리라

사기꾼들 때문에 변호사는 살이 찌고
죽은 이들 때문에 장의사는 먹고산다

명분이 없다고?

부시가 이라크를 침공할 때
세계는 얼마나 호들갑을 떨었던가
명분 없는 전쟁이라고—
그러나 세상 어디에도 명분은 없다

오늘 아침 네 식탁을 보라
어디서 노획한 전리품들인가
식물의 씨앗이며
동물의 살코기
날짐승의 알에
물고기의 몸뚱이……
그대의 식탁은 명분이 있는가?

기계를 굴리는 오늘의 인간들은
석유를 먹고 산다
원유의 바다에 떠 있는 아랍의 사막은
황금의 덩어리가 아닌가?
난폭한 사자가 선량한 들소를 사냥하듯

바그다드는 그렇게 도륙되었다

보라, 사자의 사냥터에 모여드는
하이에나 독수리의 무리들을
사자가 남겨 놓은 썩은 고기라도 얻어먹겠다고
어정거리는 비겁한 무리들을 보라
한때 명분을 내세우던 그들보다는
동물다운 부시가 차라리 순진하지 않는가?

어느 날 문득 세상이 무너져
그대들을 덮치고
영원한 암흑 속에 이 지상을 묻으리라

세상에 대한 보복

세상이 그대를 알아주지 않던가?
그러면 그들에게 이렇게 복수하라

실의에 빠진 이들에게는 용기와 지혜를 주고
마음이 가난한 이들에게는 안식과 기쁨을 주는
그런 불후의 명작을 한 편 만들라

그리하여
어리석은 비평가들의 눈을 영원히 멀게 하고
안목 없는 출판사들에겐 통한의 후회를 안겨 주라

이것이 그대를 아직 몰라보는
개 같은 시대를 향한 유일한 보복이다

시인 임 보

본명 : 강홍기姜洪基
1962년 서울대학교 국문과 졸업
1962년 『현대문학』으로 등단
시집 『임보의 시들 〈59 · 74〉』 『산방동동山房動動』 『목마일기木馬日記』 『은수달 사냥』 『황소의 뿔』 『날아가는 은빛 연못』 『겨울, 하늘소의 춤』 『구름 위의 다락마을』 『운주천불』 『사슴의 머리에 뿔은 왜 달았는가』 『자연학교』 『장닭 설법』 『가시연꽃』
논저 『현대시 운율 구조론』 『엄살의 시학』 『미지의 한 젊은 시인에게』
충북대 교수 역임
(사)〈우리시진흥회〉 평의원
카페 〈자연과 시의 이웃들(cafe.daum.net/rimpoet)〉 운영
Email : rimpoet@hanmail.net

눈부신 귀향

지은이 | 임 보
펴낸이 | 김재돈
펴낸곳 | 도서출판 시와시학
1판1쇄 | 2011년 4월 25일
출판등록 | 2010년 8월 10일
등록번호 | 제2010-000036호
주소 | 서울 종로구 명륜동1가 42
전화 | 744-0110
FAX | 3672-2674

값 10,000원

ISBN 978-89-94889-06-1 03810